RAPPORT

DES

Travaux du Groupe

DE LA

JEUNESSE ROYALISTE

De Loir-et-Cher

POUR L'ANNÉE 1896

Lu en Assemblée Générale le 30 Janvier 1897

DIEU ET LE ROI !

BLOIS

TYPOGRAPHIE ET LITHOGRAPHIE C. MIGAULT ET C'S

14, rue Pierre-de-Blois, 14

—

1897

1896

—

JEUNESSE ROYALISTE

De Loir-et-Cher

RENOUVELLEMENT

du

BUREAU DE LA JEUNESSE ROYALISTE

Pour l'Année 1897

———

Conformément aux statuts, le 30 janvier, dans sa réunion générale, le Groupe a procédé au renouvellement du Bureau.

ONT ÉTÉ ÉLUS :

Président :	M. Maurice ROMIEU *.
Vice-Présidents :	MM. Maurice BÉGÉ.
—	Louis DE LAVAU.
—	LEPECQ DE LA CLOSTURE.
—	Maurice DE SEZE.
Secrétaire général et Trésorier :	Pierre DE MARC.

———o—o—o———

* Château des Noules (Selles-sur-Cher).

RAPPORT DES TRAVAUX

DU

Groupe de la Jeunesse Royaliste

DE LOIR-&-CHER

Pour l'Année 1896

*Présenté par M. Pierre de Marc, secrétaire, en
Assemblée Générale, le 30 Janvier 1897*

MESSIEURS,

Il y a un an, presque à pareil jour, M. le
Comte de Salaberry, spécialement délégué par le
Comité Royaliste de Loir-et-Cher, réunissait ici
un nombre déjà imposant de jeunes hommes,
venus de tous les points du département, appar-
tenant à toutes les classes sociales, mais tous
fermement unis sur le terrain des convictions
catholiques et monarchistes.

Dans cette première séance, anniversaire de
notre fondation, après une éloquente et chaleu-
reuse allocution de M. le Comte de Salaberry,
l'Assemblée élut à l'unanimité son Bureau.

Ce Bureau devait se composer d'un président,

de quatre vice-présidents, un pour chacune des quatre circonscriptions électorales de Loir-et-Cher, d'un secrétaire général et d'un trésorier.

Furent élus :

Président : M. Maurice ROMIEU.
Vice-Présidents : MM. Maurice BÉGÉ.
— Louis DE LAVAU.
— René LEPECQ DE LA CLOS- TURE.
— le Vicomte M. DE SEZE.
Trésorier et Secrétaire Général : M. Pierre DE MARC.

Les statuts de notre Groupe, statuts que vous connaissez tous, furent lus et adoptés à l'unanimité.

Enfin, pour l'expédition de nos affaires courantes, pour l'action directe du Groupe, le Bureau s'est adjoint un Comité de direction.

Ce Comité se compose actuellement de 14 membres, et pourrait être augmenté par la suite jusqu'au nombre de 20, si l'extension de notre Association l'exigeait.

Une commission d'études a été ensuite nommée pour préparer les rapports qui seraient soumis à l'Assemblée Générale.

Tel est, Messieurs, extrait de nos procès-verbaux, le court résumé de la première séance de la *Jeunesse Royaliste.* Avons-nous besoin d'ajouter que Monseigneur le Duc d'Orléans, dans sa réponse au télégramme de notre Président, a bien voulu nous exprimer ses remerciements, et l'espoir qu'il mettait en nous, pour défendre la cause monarchique.

Conférence du 15 Mars 1896

Pour mieux mettre en lumière notre activité et notre foi politique, il fallait une manifestation publique et éclatante. Nous avons fait appel à un de nos amis, M. le Comte de Mayol de Lupé qui a bien voulu apporter à Blois la bonne parole, le Dimanche 15 Mars 1896. Devant un auditoire de plus de 500 personnes, l'éloquent conférencier a développé la doctrine royaliste, avec une chaleur, une énergie et une précision, qui ont enthousiasmé tous nos amis. Nous ne saurions trop le remercier de son dévouement, et admirer la facilité de son talent, mis au service de convictions inébranlablement assurées.

Un banquet à l'issue de la réunion, réunissait à l'Hôtel de la Croix-de Malte, un grand nombre de personnes, heureuses de pouvoir échanger encore pendant quelques instants leurs impressions et leurs sentiments de foi politique. Combien parmi nous ont fait, ce jour-là, une ample provision de doctrine !

Vous n'attendez pas de moi, Messieurs, que je reprenne le compte rendu de toutes nos réunions; je ne veux que les signaler successivement pour marquer les étapes progressives de notre vie politique.

La Saint-Philippe à Blois

La Saint-Philippe a été fêtée magnifiquement à Blois, par la *Jeunesse Royaliste*, grâce au concours dévoué et à l'empressement de tous nos amis. Un ancien Blésois, que personne n'oublie dans son pays d'origine, M. Maurice Roger, le vaillant lutteur électoral de 1885 et de 1889, s'était mis gracieusement à notre disposition ; il est venu de Saumur, ce jour-là, nous faire revivre pendant quelques heures sa vivante et chaude éloquence de jadis, et tous l'ont acclamé avec enthousiasme.

Le jour même de la Saint-Philippe, l'Eglise célébrait l'Octave de la Fête-Dieu ; vous avez tous vu, Messieurs, que les Membres de la *Jeunesse Royaliste*, désireux d'affirmer simplement mais nettement leurs convictions religieuses, se sont rendus en corps à la Procession, qui avait lieu à la Cathédrale.

J'ai le regret de l'avouer, Messieurs, cette manifestation de notre foi chrétienne, bien que spontanée et nullement préparée, a été l'objet de quelques légères attaques, auxquelles nous n'avons pas cru de notre dignité de répondre. Certains politiciens qui croient avoir le monopole du catholicisme, ont cru devoir protester contre notre attitude. Nous ne craignons pas de la maintenir, aujourd'hui comme hier, nous sommes catholiques et royalistes, nous resterons fidèles à notre religion et à notre drapeau.

Notre action dans le Département

La saison d'été étant peu favorable aux grandes manifestations, par suite des travaux de la campagne et de l'absence de beaucoup de nos amis, cette période a été mise à loisir par M. le Président et les Membres du bureau pour organiser définitivement le Groupe.

Notre premier soin a été de parcourir nous-mêmes les cantons, afin de nous mettre en rapport avec les principaux amis que nous pouvions y trouver. Dans chaque canton, nous avons groupé les communes, sous la direction d'un ou de plusieurs délégués : il ne pouvait y avoir de nombre fixe. Tout dépend de l'étendue d'influence que possèdent nos amis : certains ont des moyens d'action sûrs et profonds sur une ou deux communes ; d'autres peuvent diriger parfaitement un canton tout entier, sans avoir besoin de nombreux auxiliaires.

Après plusieurs mois d'efforts et de voyages répétés, nous avons trouvé des délégués dans les vingt-quatre cantons, promettant de s'occuper de leurs fonctions dans les limites possibles, et de concourir avec nous à l'œuvre de la restauration monarchique.

Agents dans les Communes

Alors commençait un travail des plus délicats. Aidés des chefs de canton, dont la mission est de nous renseigner et de nous guider, pour leurs contrées, il fallait trouver dans chaque commune au moins *un* représentant de nos idées ; pour ne pas aller trop vite en besogne, et d'autre part pour ne négliger aucune portion du département, nous avons demandé à nos amis de nous indiquer seulement d'abord des agents *conservateurs*, anti-républicains, sûrs au point de vue de la religion comme de l'honnêteté. Ceux-là reçoivent nos communications ; c'est avec eux les premiers que nous nous mettons en contact dans les communes : en assistant à nos réunions, en nous voyant souvent et en causant avec nous, ils partageront certainement nos convictions royalistes ; dans l'avenir, ce sont eux qui les propageront.

Je n'exagère rien, Messieurs, car le travail que je viens de décrire a été fait. Votre Président s'est rendu compte par lui-même, que les bons agents conservateurs des communes finissaient tous par en arriver, rapidement ou lentement, à devenir royalistes. Seulement, il ne faut rien hâter, rien brusquer, et adopter suivant les différentes parties de notre département, des lignes de conduite diverses.

Il est certain par exemple que les bords de la Loire et les deux circonscriptions de Blois nous fournissent un contingent considérable d'adhérents, à idées très positives et très arrêtées. Dans toute cette région, le terrain royaliste est excellent. Il n'en est pas de même en Sologne, où l'idée monarchique pénètre plus lentement, et surtout en Vendômois, où elle effraie un peu plutôt qu'elle ne rebute les gens.

Réunions diverses

Deux réunions ont été tenues, l'une, au mois d'août, à Vendôme, l'autre en septembre, à Romorantin. Les principales personnalités royalistes de ces deux arrondissements ont été convoquées, et en petit nombre. Néanmoins, à ces deux réunions qui avaient un caractère absolument privé, et presque intime, nous n'avons eu que peu d'absences à signaler, et encore des lettres d'excuses motivées nous assuraient des bons sentiments des personnes absentes

Nous avons exposé dans ces réunions notre ligne de conduite et nos moyens d'action ; après de sérieuses discussions, on a bien voulu nous donner une entière approbation et s'engager à nous accorder un concours unanime.

Nous ajoutons que ce concours s'est manifesté

autrement qu'en paroles, et qu'à quelque temps de là de nombreuses lettres de renseignements, d'indications utiles, etc., nous étaient adressées par tous nos amis. Qu'il nous soit permis de leur adresser ici tous nos remerciements.

Une grande partie des cantons et des communes a été parcourue par notre Président, afin d'établir plus sûrement un lien entre nos agents communaux et l'autorité centrale.

Mariage du Roi à Vienne

Le mariage de Monseigneur le Duc d'Orléans, qui a rempli de joie les cœurs royalistes français, ne pouvait laisser notre Groupe indifférent. Un télégramme de félicitations, dont vous avez pu lire le texte dans nos journaux, a été adressé à Monseigneur qui a bien voulu répondre à notre Président par une aimable dépêche de remerciements.

Une adresse enfin a été portée au Prince par M. Maurice Romieu, président du Groupe. M. Romieu a eu la faveur de pouvoir assister, dans la Chapelle Impériale de la Hofburg, au mariage royal. Il a pu ensuite, à la réception de S. A. R. la princesse de Saxe-Cobourg, présenter ses hommages à Monseigneur et à Madame la Duchesse d'Orléans. L'accueil qui lui a été fait ne peut s'oublier, et notre Président nous en a retracé les impressions dans la séance du 12 décembre dernier. Il rapportait au département de Loir-et-Cher, le témoignage le plus flatteur pour nous, et nous en a transmis l'expression fidèle, de la part de Monseigneur le Duc et de Madame la Duchesse d'Orléans.

Le 5 novembre aussi, un grand nombre de royalistes du département venaient à Blois, en l'église Cathédrale Saint-Loüis, se prosterner aux pieds du Roi des Rois, appeler ses bénédictions sur l'union royale. Et c'était un poignant spectacle que celui de ces hommes de tout rang, de toutes conditions, propriétaires, agriculteurs, commerçants, vignerons, ouvriers, entourés pour la plupart de leurs familles, unis dans un même sentiment de foi et de fidélité, et demandant à Dieu, de toute la ferveur de leur âme, de rendre à la France son honneur et sa prospérité, avec son Roi !

Congrès et Conférence publique et contradictoire d'Oucques

La Jeunesse Royaliste de Loir-et-Cher a également été représentée à Bruxelles par plusieurs de nos amis, lors des réceptions qui ont été données par Monseigneur le Duc d'Orléans.

Plusieurs aussi se sont rendus à Reims où une importante réunion d'études a été tenue le 5 décembre, et ont montré ainsi que notre Groupe, désireux d'agir efficacement par tous les moyens possibles, ne néglige aucune occasion de s'instruire, de s'éclairer sur les questions sérieuses et de les étudier ensuite, pour en faire part à tous.

La meilleure preuve en est dans une réunion publique, tenue par la *Jeunesse Royaliste de Loir-et-Cher*, à Oucques, un des centres les plus importants de la Beauce, le 16 décembre dernier. Une conférence financière, très écoutée, a été faite par M. Romieu, président, et notre ami si dévoué, M. Henry de Cardonne, qui nous seconde avec tant de zèle et de chaleur, avait bien voulu se charger de traiter la crise agricole, ses causes et ses remèdes. Les deux orateurs ont eu un grand et légitime succès, à la suite duquel un auditoire de plusieurs centaines de cultivateurs et d'ouvriers a voté un ordre du jour de défense de leurs intérêts. Un cordial banquet, où la Monarchie a été une fois de plus acclamée énergiquement, terminait cette intéressante journée.

La *Jeunesse Royaliste* se propose de renouveler le plus souvent possible ces Conférences cantonales qui ont une portée considérable. Ceux d'entre nous qui en ont le loisir étudieront des sujets spéciaux, des questions locales, qui seront ensuite traités en public. Nous répandrons ainsi la lumière partout, et le résultat le plus pratique sera déjà de battre en brèche ces petits orateurs de villages, simples espions à la solde d'un député ou d'un sénateur, et qui ont pour mission d'entretenir un aveuglement voulu chez tous leurs concitoyens.

Conclusion

Quand notre service communal sera complète-
ment assuré, que nos ressources pécuniaires
seront plus étendues, nous commencerons la
propagande par la voie de la presse, et surtout de
la presse locale.

Le mieux serait évidemment d'avoir, comme
à Bordeaux, à Lyon et dans le Pas-de-Calais, un
organe exclusivement à nous : mais nous ne
pouvons réaliser en ce moment la création d'un
journal. Lorsque les *Jeunesses royalistes* d'Orléans
et de Bourges seront définitivement constituées,
lorsque celle de l'Indre aura été créée, ces dépar-
tements pourront en s'unissant à nous, à la
Nièvre, à l'Allier, à la Creuse, à la Haute-Vienne,
à la Vienne et à la Corrèze, former une solide
et compacte Fédération, la Fédération du Centre,
analogue à celle qui donne de si excellents
résultats dans le Sud-Ouest. A ce moment, si ce
projet de Fédération, développé tout récemment
dans la Nièvre par nos collègues MM. le Comte
de Damas et L. de Montgrémier, pouvait aboutir,
nous pourrions avoir un bulletin qui, sous le titre
de *Jeunesse Royaliste* du Centre, serait rédigé
à frais communs et répandu le plus possible.

De plus, nous pourrons alors avoir à Blois un
bureau de travail, comme celui qui fonctionne
avec succès à Bordeaux et dans quelques autres
villes du Midi, bureau où nous nous mettrons en

rapport avec l'élément ouvrier, afin de lui faciliter les moyens de trouver de l'ouvrage.

Un cercle royaliste vient d'être créé à Paris, ainsi qu'une association sportive et vélocipédique. C'est vous dire que les moyens de propagande sont illimités. Nous ne pouvons évidemment pas rivaliser avec les grandes villes ; elles ont des moyens d'action et des ressources qui nous font défaut ; mais les progrès que je viens de vous signaler sont utiles à connaître ; ils seront, nous l'espérons, l'élément futur de notre perfectionnement.

Nous devons, en attendant, travailler activement au recrutement du groupe ; plus nous aurons de sérieux adhérents, plus nos moyens d'influence s'étendront ; plus il nous sera facile d'entrer directement en communication avec les masses populaires, seul élément essentiel à atteindre, et dont nous devons beaucoup espérer.

Tel est, Messieurs, le compte rendu que je devais vous présenter ; notre Roi, Monseigneur le Duc d'Orléans, disait récemment qu'il connaissait les devoirs du chef : nous saurons remplir celui du soldat.

Pour Dieu ! Pour la France, Messieurs, Vive le Roi !

Le Secrétaire général,

PIERRE DE MARC.

www.ingramcontent.com/pod-product-compliance
Lightning Source LLC
Chambersburg PA
CBHW061718050726
47598CB00004B/1906